Sur l'amélioration de la compréhension

Bénédicte de Spinoza

Writat

Cette édition parue en 2023

ISBN : 9789359250762

Publié par
Writat
email : info@writat.com

Sur l'amélioration de la compréhension

(Traité sur l'amendement de l'intellect)

[Avis au lecteur.]

(Cet avis au lecteur a été rédigé par les éditeurs de l'Opera Postuma en 1677. Tiré de Curley, note 3, à la fin)

Ce Traité sur l'amélioration de l'intellect, etc., que nous vous remettons ici, aimable lecteur, dans son état inachevé [c'est-à-dire défectueux], a été écrit par l'auteur il y a maintenant de nombreuses années. Il a toujours eu l'intention de le terminer. Mais gêné par d'autres occupations, et finalement arraché par la mort, il ne parvint pas à la mener à son terme. Mais comme il contient beaucoup de choses excellentes et utiles, qui - nous n'en doutons pas - seront d'un grand bénéfice à quiconque recherche sincèrement la vérité, nous n'avons pas voulu vous en priver. Et pour que vous connaissiez et trouviez moins de peine à excuser beaucoup de choses encore obscures, grossières et grossières, nous avons voulu vous en avertir. Adieu.

[1] (1) Après que l'expérience m'ait appris que tous les environnements habituels de la vie sociale sont vains et futiles ; voyant qu'aucun des objets de mes craintes ne contenait en soi quoi que ce soit de bon ou de mauvais, sauf dans la mesure où l'esprit en est affecté, j'ai finalement résolu de rechercher s'il pourrait y avoir quelque bien réel ayant le pouvoir de se communiquer, qui affecter l'esprit individuellement, à l'exclusion de tout le reste : si, en fait, il pourrait y avoir quelque chose dont la découverte et la réalisation me permettraient de jouir d'un bonheur continu, suprême et sans fin.

[2] (1) Je dis "j'ai finalement résolu", car à première vue, il semblait imprudent de perdre volontairement le contrôle de ce qui était sûr au profit de quelque chose alors incertain. (2) Je pouvais voir les bénéfices qu'acquiert la renommée et la richesse, et que je serais obligé d'abandonner la quête de tels objets, si je me consacrais sérieusement à la recherche de quelque chose de différent et de nouveau. (3) Je comprenais que si le vrai bonheur se trouvait par hasard dans le premier , je le manquerais nécessairement ; tandis que si, au contraire, il n'était pas ainsi placé et que je leur donnais toute mon attention, j'échouerais également.

[3] (1) J'ai donc débattu s'il ne serait pas possible d'arriver au nouveau principe, ou du moins à une certitude quant à son existence, sans changer la conduite et le plan habituel de ma vie ; dans ce but, j'ai fait beaucoup d'efforts, en vain. (2) Car le milieu ordinaire de la vie qui est estimé par les hommes

(comme leurs actions en témoignent) comme le plus grand bien, peut être classé sous les trois chefs : les richesses, la renommée et les plaisirs des sens : avec ces trois-là l'esprit est tellement absorbé qu'il a peu de pouvoir pour réfléchir à un autre bien.

[4] (1) Par le plaisir sensuel, l'esprit est captivé au point de se calmer, comme si le bien suprême était effectivement atteint, de sorte qu'il est tout à fait incapable de penser à aucun autre objet ; Lorsqu'un tel plaisir a été satisfait, il est suivi d'une mélancolie extrême, par laquelle l'esprit, bien que non captivé, est perturbé et engourdi. (2) La poursuite des honneurs et des richesses est également très absorbante, surtout si ces objets sont recherchés simplement pour eux-mêmes, [a] dans la mesure où ils sont alors censés constituer le bien le plus élevé.

[5] (1) Dans le cas de la renommée, l'esprit est encore plus absorbé, car la renommée est conçue comme toujours bonne pour elle-même et comme la fin ultime vers laquelle toutes les actions sont dirigées. (2) En outre, l'acquisition de la richesse et de la renommée n'est pas suivie, comme dans le cas des plaisirs sensuels, du repentir ; mais, plus nous en acquérons, plus notre plaisir est grand, et, par conséquent, plus nous sommes incités à augmenter à la fois l'amour et la gloire. l'un et l'autre; en revanche, si nos espérances sont déçues, nous sommes plongés dans la plus profonde tristesse. (3) La renommée a l'inconvénient supplémentaire qu'elle oblige ses adeptes à organiser leur vie selon les opinions de leurs semblables, en évitant ce qu'ils évitent habituellement et en recherchant ce qu'ils recherchent habituellement.

[6] (1) Quand j'ai vu que tous ces objets ordinaires du désir seraient des obstacles à la recherche de quelque chose de différent et de nouveau, et même, qu'ils y étaient si opposés, que soit eux, soit cela devrait être abandonné, j'étais obligé de chercher lequel me serait le plus utile : car, comme je le dis, il me semblait que je perdais volontairement un bien sûr au profit de quelque chose d'incertain. (6:2) Cependant, après avoir réfléchi à la question, je suis arrivé en premier lieu à la conclusion qu'en abandonnant les objets ordinaires de ma poursuite et en me lançant dans une nouvelle quête, je quitterais une bonne voie incertaine . en raison de sa propre nature, ainsi qu'on peut le déduire de ce qui a été dit, pour un bien qui n'est pas incertain dans sa nature (car je cherchais un bien fixe), mais seulement dans la possibilité de l'atteindre.

[7] (1) Une réflexion plus approfondie m'a convaincu que si je pouvais vraiment aller au fond du problème , je devrais abandonner certains maux pour un certain bien. (2) Je m'aperçus ainsi que j'étais dans un état de grand péril, et je me forçai de chercher de toutes mes forces un remède, si incertain qu'il fût ; comme un malade aux prises avec une maladie mortelle, lorsqu'il

voit que la mort sera sûrement sur lui à moins qu'un remède ne soit trouvé, est obligé de chercher un remède de toutes ses forces, dans la mesure où tout son espoir réside là. (7:3) Tous les objets poursuivis par la multitude non seulement n'apportent aucun remède qui tende à préserver notre être, mais agissent même comme des obstacles, provoquant souvent la mort de ceux qui les possèdent, [b] et toujours de ceux qui sont possédés par eux.

[8] (1) Il existe de nombreux exemples d'hommes qui ont souffert des persécutions jusqu'à la mort à cause de leurs richesses, et d'hommes qui, dans la poursuite de la richesse, se sont exposés à tant de dangers, qu'ils ont payé leur vie comme une pénalité pour leur folie. (2) Les exemples ne sont pas moins nombreux d'hommes qui ont enduré la plus grande misère pour gagner ou conserver leur réputation. (3) Enfin, il existe d'innombrables cas d'hommes qui ont précipité leur mort par excès de plaisir sensuel.

[9] (1) Tous ces maux semblent provenir du fait que le bonheur ou le malheur dépend entièrement de la qualité de l'objet que nous aimons. (2) Lorsqu'une chose n'est pas aimée, aucune querelle ne s'élèvera à son sujet, aucune tristesse ne sera ressentie si elle périt, aucune envie si elle est possédée par un autre, aucune peur, aucune haine, bref aucun trouble de l'ordre. esprit. (3) Tout cela naît de l'amour de ce qui est périssable, comme les objets déjà mentionnés.

(10) (1) Mais l'amour envers une chose éternelle et infinie nourrit l'esprit tout entier de joie et n'est lui-même mêlé à aucune tristesse, c'est pourquoi il est grandement désirable et recherché de toutes nos forces. (2) Pourtant, ce n'est pas au hasard que j'ai utilisé les mots : « Si je pouvais aller à la racine du problème », car, même si ce que j'ai suggéré était parfaitement clair pour mon esprit, je ne pouvais pas immédiatement mettre de côté tout amour. de richesse, de jouissance sensuelle et de renommée.

(11) (1) Une chose était évidente, à savoir que, pendant que mon esprit était occupé à ces pensées, il se détournait de ses anciens objets de désir et envisageait sérieusement la recherche d'un nouveau principe ; cet état de choses me fut d'un grand réconfort, car je reconnus que les maux n'étaient pas de nature à résister à tous les remèdes. (11:2) Bien que ces intervalles fussent d'abord rares et de très courte durée, cependant ensuite, à mesure que le vrai bien me devenait de plus en plus discernable, ils devinrent plus fréquents et plus durables ; surtout après avoir reconnu que l'acquisition de la richesse, du plaisir sensuel ou de la renommée n'est qu'un obstacle, tant qu'ils sont recherchés comme une fin et non comme un moyen ; s'ils sont recherchés comme moyens, ils seront restreints et, loin d'être des obstacles, ils contribueront grandement à la fin pour laquelle ils sont recherchés, comme je le montrerai en temps voulu.

[12] (1) Je dirai ici seulement brièvement ce que j'entends par vrai bien, et aussi quelle est la nature du bien le plus élevé. (2) Pour bien comprendre cela, il faut garder à l'esprit que les termes bien et mal ne s'appliquent que relativement, de sorte que la même chose peut être appelée à la fois bonne et mauvaise selon les relations envisagées, dans le même sens. manière qu'on puisse l'appeler parfaite ou imparfaite. (3) Rien, considéré dans sa propre nature, ne peut être appelé parfait ou imparfait ; surtout quand nous sommes conscients que tout ce qui arrive arrive selon l'ordre éternel et les lois fixes de la nature.

[13] (1) Cependant, la faiblesse humaine ne peut pas atteindre cet ordre dans ses propres pensées, mais entre-temps l'homme conçoit un caractère humain beaucoup plus stable que le sien et voit qu'il n'y a aucune raison pour qu'il n'acquière pas lui-même un tel caractère. . (2) Ainsi il est amené à chercher des moyens qui l'amèneront à ce degré de perfection, et appelle tout ce qui servira de tel moyen un vrai bien. (13:3) Le principal bien est qu'il parvienne, avec d'autres individus si possible, à la possession du caractère susmentionné. (4) Quel est ce caractère, nous le montrerons en temps voulu, à savoir qu'il s'agit de la connaissance de l'union existant entre l'esprit et la nature entière. [c]

[14] (1) C'est donc le but vers lequel je m'efforce d'atteindre moi-même un tel caractère et de m'efforcer que beaucoup y parviennent avec moi. (2) En d'autres termes, cela fait partie de mon bonheur de donner un coup de main, afin que beaucoup d'autres puissent comprendre comme moi, afin que leur compréhension et leur désir soient entièrement en accord avec les miens. (3) Pour y parvenir, il est nécessaire de comprendre autant de choses sur la nature que nous permettront d'atteindre le caractère susmentionné, et également de former un ordre social tel qu'il soit le plus propice à l'acquisition de ce caractère par le le plus grand nombre avec le moins de difficultés et de dangers.

[15] (1) Nous devons rechercher l'aide de la philosophie morale [d] et de la théorie de l'éducation ; De plus, comme la santé n'est pas un moyen insignifiant pour atteindre notre but, nous devons également inclure toute la science de la médecine, et comme beaucoup de choses difficiles sont rendues faciles par artifice, et que nous pouvons ainsi gagner beaucoup de temps et de commodité, la science de la médecine. La mécanique ne doit en aucun cas être méprisée.

[16] (1) Mais avant tout, il faut trouver un moyen pour améliorer l'entendement et le purifier, autant que possible au début, afin qu'il puisse appréhender les choses sans erreur et de la meilleure manière possible. (2) Ainsi, il apparaît à tous que je souhaite diriger toute la science vers une seule fin [e] et un seul but, afin que nous puissions atteindre la perfection humaine

suprême que nous avons nommée ; et par conséquent, tout ce qui dans les sciences ne sert pas à promouvoir notre objet devra être rejeté comme inutile. (3) Pour résumer la question en un mot, toutes nos actions et toutes nos pensées doivent être dirigées vers cette seule fin.

[17] (1) Cependant, comme il est nécessaire que, pendant que nous nous efforçons d'atteindre notre objectif et d'amener l'entendement sur le bon chemin, nous poursuivions notre vie, nous sommes obligés d'abord d'établir certaines règles de vie, comme provisoirement bon, à savoir ce qui suit : - -

I. (2) Parler d'une manière intelligible pour la multitude et se conformer à toute coutume générale qui n'empêche pas la réalisation de notre objectif. (3) Car nous pouvons tirer de la multitude de grands avantages, à condition que nous nous efforcions de nous adapter autant que possible à sa compréhension : de plus, nous gagnerons ainsi une audience amicale pour la réception de la vérité.

II. (17:4) Se livrer aux plaisirs seulement dans la mesure où ils sont nécessaires à la préservation de la santé.

III. (5) Enfin, s'efforcer d'obtenir uniquement suffisamment d'argent ou d'autres produits pour nous permettre de préserver notre vie et notre santé, et de suivre les coutumes générales compatibles avec notre objectif.

[18] (1) Après avoir posé ces règles préliminaires, je m'attaquerai à la tâche première et la plus importante, à savoir, l'amendement de l'entendement et le rendre capable de comprendre les choses de la manière nécessaire pour atteindre notre but. (2) Pour y arriver, l'ordre naturel exige que je récapitule ici tous les modes de perception que j'ai employés jusqu'ici pour affirmer ou nier quoi que ce soit avec certitude, afin de choisir le meilleur, et en même temps le temps commence à connaître mes propres pouvoirs et la nature que je souhaite perfectionner.

[19] (1) La réflexion montre que tous les modes de perception ou de connaissance peuvent se réduire à quatre : - -

I. (2) Perception provenant de ouï-dire ou de quelque signe que chacun peut nommer à sa guise.

II. (3) Perception découlant d'une simple expérience, c'est-à-dire d'une expérience de forme non encore classée par l'intellect, et seulement ainsi appelée parce que l'événement donné s'est produit par hasard et que nous n'avons aucun fait contradictoire à lui opposer, de sorte qu'il reste donc inattaquable dans nos esprits.

III. (19:4) Perception qui survient lorsque l'essence d'une chose est déduite d'une autre chose, mais pas de manière adéquate ; cela se produit lorsque [f] d'un effet nous déterminons sa cause, ou lorsqu'on déduit d'une proposition générale qu'une propriété est toujours présente.

IV. (5) Enfin, il y a la perception qui survient lorsqu'une chose est perçue uniquement à travers son essence, ou à travers la connaissance de sa cause prochaine.

[20] (1) Tous ces types de perceptions, je vais les illustrer par des exemples. (2) Par ouï-dire, je connais le jour de ma naissance, ma filiation et d'autres choses sur lesquelles je n'ai jamais éprouvé aucun doute. (3) Par simple expérience, je sais que je mourrai, car je peux l'affirmer après avoir vu que d'autres comme moi sont morts, bien que tous n'aient pas vécu la même période ou ne soient pas morts de la même maladie. (4) Je sais par simple expérience que l'huile a la propriété d'alimenter le feu, et l'eau de l'éteindre. (5) De la même manière, je sais qu'un chien est un animal qui aboie, l'homme un animal rationnel, et en fait presque toutes les connaissances pratiques de la vie.

[21] (1) Nous déduisons une chose d'une autre de la manière suivante : quand nous apercevons clairement que nous sentons un certain corps et aucun autre, nous en déduisons clairement que l'esprit est uni au corps, et que leur union est la cause de la sensation donnée ; mais on ne peut donc absolument comprendre la nature de la sensation et de l'union. (2) Ou, après avoir pris connaissance de la nature de la vision et savoir qu'elle a la propriété de faire paraître une seule et même chose plus petite quand on est loin que quand on est proche, je peux en déduire que le soleil est plus grand qu'il n'y paraît. , et peut tirer d'autres conclusions du même genre.

[22] (1) Enfin, une chose peut être perçue uniquement à travers son essence ; quand, du fait de connaître quelque chose, je sais ce que c'est que de connaître cette chose, ou quand, de par la connaissance de l'essence de l'esprit, je sais qu'elle est unie au corps. (2) Par le même genre de connaissance , nous savons que deux et trois font cinq, ou que deux droites parallèles chacune à une troisième sont parallèles entre elles, etc. (3) Les choses que j'ai pu connaître grâce à ce genre de connaissance sont encore très peu nombreuses.

[23] (1) Afin que l'ensemble de la question puisse être mis sous un jour plus clair, j'utiliserai une seule illustration comme suit. (2) Trois nombres sont donnés ; il faut en trouver un quatrième, qui sera au troisième comme le second est au premier. (23:3) Les commerçants nous diront tout de suite qu'ils savent ce qu'il faut pour trouver le quatrième nombre, car ils n'ont pas encore oublié la règle qui leur a été donnée arbitrairement et sans preuve par leurs maîtres ; d'autres construisent un axiome universel à partir de leur expérience avec les nombres simples, où le quatrième nombre va de soi, comme dans le cas de 2, 4, 3, 6 ; ici il est évident que si l'on multiplie le

deuxième nombre par le troisième, et que l'on divise le produit par le premier, le quotient est 6 ; quand ils voient que par ce procédé est produit le nombre qu'ils savaient d'avance être le proportionnel, ils en déduisent que le procédé est toujours valable pour trouver un quatrième nombre proportionnel.

savent cependant, par la preuve de la dix-neuvième proposition du septième livre d'Euclide, quels nombres sont proportionnels , à savoir, de la nature et de la propriété de la proportion, il s'ensuit que le produit du premier et du quatrième sera être égal au produit du deuxième et du troisième : pourtant ils ne voient pas la proportionnalité adéquate des nombres donnés, ou, s'ils la voient, ils la voient non pas en vertu de la proposition d'Euclide, mais intuitivement, sans passer par aucun processus .

[25] (1) Afin que parmi ces modes de perception puissent être choisis les meilleurs, il convient d'énumérer brièvement les moyens nécessaires pour atteindre notre but.

I. (2) Avoir une connaissance exacte de notre nature que nous désirons parfaire, et en savoir autant qu'il est nécessaire sur la nature en général.

II. Recueillir ainsi les différences, les accords et les oppositions des choses.

III. Pour savoir ainsi exactement dans quelle mesure ils peuvent ou ne peuvent pas être modifiés.

IV. Comparer ce résultat avec la nature et la puissance de l'homme. (4) Nous discernerons ainsi le plus haut degré de perfection auquel l'homme est capable d'atteindre.

[26] (1) Nous serons alors en mesure de voir quel mode de perception nous devons choisir. (2) Quant au premier mode, il est évident que, d'après le ouï-dire, notre connaissance doit toujours être incertaine et, de plus, ne peut nous donner aucun aperçu de l'essence d'une chose, comme le montre notre illustration ; or, on ne peut parvenir à la connaissance d'une chose qu'en connaissant son essence, comme nous le verrons plus loin. (3) Nous pouvons donc clairement conclure que la certitude découlant du ouï-dire ne peut pas avoir un caractère scientifique. (4) Car un simple ouï-dire ne peut affecter quiconque dont l'entendement ne le fait pas, pour ainsi dire, à mi-chemin.

[27] (1) On ne peut pas dire que le deuxième mode de perception [i] nous donne l'idée de la proportion dont nous recherchons. (2) De plus, ses résultats sont très incertains et indéfinis, car nous ne découvrirons jamais rien dans les phénomènes naturels par son moyen, sauf des propriétés accidentelles, qui ne sont jamais clairement comprises, à moins que l'essence des choses en question ne soit connue d'abord. (3) C'est pourquoi ce mode doit également être rejeté.

[28] (1) Du troisième mode de perception, on peut dire en quelque sorte qu'il nous donne l'idée de la chose recherchée, et qu'il nous appartient de tirer des conclusions sans risque d'erreur ; mais cela ne suffit pas à lui seul à nous mettre en possession de la perfection que nous visons.

[29] (1) Le quatrième mode seul appréhende l'essence adéquate d'une chose sans danger d'erreur. (2) Ce mode doit donc être celui que nous employons principalement. (3) Comment donc devrions-nous en profiter pour acquérir le quatrième type de connaissance dans le plus bref délai possible concernant des choses auparavant inconnues ? (4) Je vais procéder à l'explication.

[30] (1) Maintenant que nous savons quel genre de connaissance nous est nécessaire, nous devons indiquer la manière et la méthode par lesquelles nous pouvons acquérir ladite connaissance concernant les choses qui doivent être connues. (2) Pour y parvenir, nous devons d'abord veiller à ne pas nous engager dans une recherche remontant à l'infini - c'est-à-dire que pour découvrir la meilleure méthode pour trouver la vérité, il n'est pas nécessaire d'avoir une autre méthode pour trouver la vérité. découvrez une telle méthode ; ni d'une troisième méthode pour découvrir la seconde, et ainsi de suite à l'infini. (3) Par de telles procédures, nous ne devrions jamais parvenir à la connaissance de la vérité, ni même à aucune connaissance du tout. (30:4) La question se situe sur le même plan que la fabrication d'outils matériels, qui pourrait être discutée de la même manière. (5) Car pour travailler le fer, il faut un marteau, et le marteau ne peut être obtenu s'il n'a pas été fabriqué ; mais, pour le faire, il fallait un autre marteau et d'autres outils, et ainsi de suite à l'infini. (6) On pourrait ainsi s'efforcer en vain de prouver que les hommes n'ont aucun pouvoir de travailler le fer.

[31] (1) Mais comme les hommes se sont d'abord servis des instruments fournis par la nature pour accomplir des ouvrages très faciles, laborieusement et imparfaitement, puis, une fois ceux-ci terminés, ils ont travaillé d'autres choses plus difficiles avec moins de travail et une plus grande perfection . ; et ainsi progressivement passés des opérations les plus simples à la fabrication d'outils, et de la fabrication d'outils à la fabrication d'outils plus complexes et de nouveaux prouesses de travail, jusqu'à ce qu'ils arrivent à fabriquer les mécanismes compliqués qu'ils possèdent maintenant. (31:2) Ainsi, de la même manière, l'intellect, par sa force native, [k], se fabrique des instruments intellectuels, par lesquels il acquiert la force pour accomplir d'autres opérations intellectuelles, [l], et à partir de ces opérations à nouveau de nouveaux instruments. , ou le pouvoir de pousser ses investigations plus loin, et ainsi procéder progressivement jusqu'à atteindre le sommet de la sagesse.

[32] (1) Que telle soit la voie suivie par l'entendement peut être facilement vu, lorsque nous comprenons la nature de la méthode pour découvrir la

vérité, et des instruments naturels, instruments complexes si nécessaires, et pour le progrès de l'investigation. . Je poursuis donc ma démonstration.

[33] (1) Une idée vraie, [m], (car nous possédons une idée vraie) est quelque chose de différent de son corrélat (ideatum); ainsi un cercle est différent de l'idée d'un cercle. (2) L'idée d'un cercle n'est pas quelque chose ayant une circonférence et un centre, comme le cercle ; l'idée d'un corps n'est pas non plus ce corps lui-même. (3) Or, comme il est quelque chose de différent de son corrélat, il est capable d'être compris par lui-même ; en d'autres termes, l'idée, dans la mesure où son essence même (essentia formalis) est concerné, peut faire l'objet d'une autre essence subjective (essentia objectif). [33note1] (4) Et encore une fois, cette seconde essence subjective sera, considérée en elle-même, quelque chose de réel, susceptible d'être compris ; et ainsi de suite, indéfiniment.

[34] (1) Par exemple, l'homme Pierre est quelque chose de réel ; la véritable idée de Pierre est la réalité de Pierre représentée subjectivement, et est en elle-même quelque chose de réel et de tout à fait distinct du Pierre actuel. (2) Or, comme cette idée vraie de Pierre est en elle-même quelque chose de réel et a sa propre existence individuelle, elle pourra aussi être comprise, c'est-à-dire faire l'objet d'une autre idée, qui contiendra par représentation (objectif) tout ce que contient réellement l'idée de Pierre (formaliter). (3) Et, encore une fois, cette idée de l'idée de Pierre a sa propre individualité, qui peut devenir le sujet d'une autre idée encore ; et ainsi de suite, indéfiniment. (4) Chacun peut en faire l'essai par lui-même, en réfléchissant qu'il sait ce qu'est Pierre, et sait aussi qu'il sait, et sait en outre qu'il sait qu'il sait, etc. (34:5) Il est donc clair que, pour comprendre le véritable Pierre, il n'est pas nécessaire de comprendre d'abord l'idée de Pierre, et encore moins l'idée de l'idée de Pierre. (6) Cela revient à dire que, pour savoir, il n'est pas nécessaire de savoir que l'on sait, et encore moins de savoir que l'on sait que l'on sait. (7) Cela n'est pas plus nécessaire que de connaître la nature d'un cercle avant de connaître la nature d'un triangle. [n]. (8) Mais, avec ces idées, c'est le contraire qui se produit : car, pour savoir que je sais, je dois d'abord savoir.

[35] (1) Il est donc clair que la certitude n'est rien d'autre que l'essence subjective d'une chose : en d'autres termes, le mode selon lequel nous percevons une réalité actuelle est la certitude. (2) En outre, il est également évident que, pour la certitude de la vérité, aucun autre signe n'est nécessaire en dehors de la possession d'une idée vraie : car, comme je l'ai montré, il n'est pas nécessaire de savoir que nous savons que nous savons. (3) Il est donc clair que personne ne peut connaître la nature de la plus haute certitude s'il ne possède une idée adéquate ou l'essence subjective d'une chose : la certitude est identique à cette essence subjective.

(1) Ainsi, comme la vérité n'a besoin d'aucun signe, il s'agit de posséder l'essence subjective des choses, ou, en d'autres termes, leurs idées, pour que tous les doutes puissent être levés, il s'ensuit que la vraie méthode ne consiste pas à chercher les signes de la vérité après l'acquisition de l'idée, mais que la vraie méthode nous enseigne l'ordre dans lequel il faut chercher la vérité elle-même, [o] ou les essences subjectives des choses, ou les idées , car toutes ces expressions sont synonymes.

[37] (1) Encore une fois, la méthode doit nécessairement concerner le raisonnement ou la compréhension - je veux dire, la méthode n'est pas identique au raisonnement dans la recherche des causes, encore moins la compréhension des causes des choses : c'est le discernement. d'une idée vraie, en la distinguant des autres perceptions et en étudiant sa nature, afin que nous puissions entraîner notre esprit de manière à ce qu'il puisse, selon un standard donné, comprendre tout ce qui est intelligible, en établissant certaines règles comme aides, et en évitant les efforts mentaux inutiles.

(38) (1) D'où l'on peut comprendre que la méthode n'est rien d'autre que la connaissance réflexive, ou l'idée d'une idée ; et que, de même qu'il ne peut y avoir d'idée d'une idée, à moins qu'une idée n'existe auparavant, il ne peut y avoir de méthode sans idée préexistante. (2) Ce sera donc une bonne méthode qui nous montrera comment l'esprit doit être dirigé, selon le critère de la vraie idée donnée.

(38:3) De plus, voyant que le rapport existant entre deux idées est le même que le rapport entre les réalités actuelles correspondant à ces idées, il s'ensuit que la connaissance réfléchie qui a pour objet l'être le plus parfait est meilleure que la connaissance réfléchie. concernant d'autres objets – en d'autres termes, sera la méthode la plus parfaite qui fournira le critère de l'idée donnée de l'être le plus parfait par lequel nous pouvons diriger notre esprit.

(39) (1) On comprend ainsi aisément comment, à mesure qu'il acquiert de nouvelles idées, l'esprit acquiert simultanément de nouveaux instruments pour poursuivre plus avant ses recherches. (2) Car nous pouvons déduire de ce qui a été dit, qu'une idée vraie doit nécessairement exister d'abord en nous comme instrument naturel ; et que lorsque cette idée est appréhendée par l'esprit, elle nous permet de comprendre la différence existant entre elle et toutes les autres perceptions. (3) En cela consiste une partie de la méthode.

(39:4) Or il est clair que l'esprit se comprend mieux à mesure qu'il comprend un plus grand nombre d'objets naturels ; il s'ensuit donc que cette partie de la méthode sera d'autant plus parfaite que l'esprit parviendra à la compréhension d'un plus grand nombre d'objets, et qu'elle sera absolument parfaite lorsque l'esprit acquerra la connaissance de l'être absolument parfait. ou en prend conscience.

[40] (1) Encore une fois, plus l'esprit connaît de choses, mieux il comprend sa propre force et l'ordre de la nature ; grâce à une meilleure connaissance de soi, il peut se diriger plus facilement et établir des règles pour sa propre conduite ; et, grâce à une connaissance accrue de la nature, elle peut plus facilement éviter ce qui est inutile. (2) Et c'est là la somme totale de la méthode, comme nous l'avons déjà dit.

[41] (1) Nous pouvons ajouter que l'idée dans le monde de la pensée est dans le même cas que son corrélat dans le monde de la réalité. (2) S'il y avait dans la nature quelque chose qui n'ait aucun lien avec aucune autre chose, et si nous lui attribuions une essence subjective qui correspondrait en tous points à la réalité objective, l'essence subjective n'aurait aucun lien. [p] avec d'autres idées - en d'autres termes, nous ne pouvions tirer aucune conclusion à ce sujet. (41:3) D'un autre côté, les choses qui sont liées aux autres - comme toutes les choses qui existent dans la nature - seront comprises par l'esprit, et leurs essences subjectives entretiendront les mêmes relations mutuelles que leurs réalités objectives. - c'est-à-dire que nous inférerons de ces idées d'autres idées, qui à leur tour seront liées à d'autres, et ainsi nos instruments pour procéder à notre enquête augmenteront. (4) C'est ce que nous cherchions à prouver.

(42) (1) De plus, d'après ce qui vient d'être dit, à savoir qu'une idée doit, à tous égards, correspondre à son corrélat dans le monde de la réalité, il est évident que, pour se reproduire en tout respectant l'image fidèle de la nature, notre esprit doit déduire toutes ses idées de l'idée qui représente l'origine et la source de toute la nature, afin qu'elle devienne elle-même la source d'autres idées.

[43] (1) On s'étonnera peut-être qu'après avoir dit que la bonne méthode est celle qui nous apprend à diriger notre esprit selon le critère de l'idée vraie donnée, nous puissions prouver notre point de vue par le raisonnement, qui semblerait indiquer que cela ne va pas de soi. (2) Nous pouvons donc nous interroger sur la validité de notre raisonnement. (3) Si notre raisonnement est valable, nous devons prendre pour point de départ une idée vraie. (4) Or, pour être sûr que notre point de départ est bien une idée vraie, il nous faut une preuve. (5) Ce premier raisonnement doit être appuyé par un deuxième, le deuxième par un troisième, et ainsi de suite jusqu'à l'infini.

(44) (1) À cela je réponds que si, par un heureux hasard, quelqu'un avait adopté cette méthode dans ses recherches sur la nature, c'est-à-dire s'il avait acquis de nouvelles idées dans l'ordre approprié, selon le critère de la idée vraie originelle, il n'aurait jamais douté de la vérité de sa connaissance, dans la mesure où la vérité, comme nous l'avons montré, se manifeste, et que toutes choses couleraient pour ainsi dire spontanément vers lui. (44:2) Mais comme cela n'arrive jamais ou rarement, j'ai été forcé d'arranger mes

démarches, afin que nous puissions acquérir par la réflexion et la prévoyance ce que nous ne pouvons pas acquérir par hasard, et qu'il puisse en même temps apparaître que , pour prouver la vérité et pour un raisonnement valable, nous n'avons besoin d'aucun autre moyen que la vérité et le raisonnement valable eux-mêmes : car par un raisonnement valable j'ai établi un raisonnement valable, et, dans une mesure égale, je cherche encore à l'établir.

[45] (1) C'est d'ailleurs l'ordre de pensée adopté par les hommes dans leurs méditations intérieures. (2) Les raisons de son emploi rare dans les recherches sur la nature se trouvent dans des idées fausses courantes, dont nous examinerons les causes ci-après dans notre philosophie. (3) De plus, cela exige, comme nous le montrerons, un discernement aigu et précis. (4) Enfin, elle est entravée par les conditions de la vie humaine, qui sont, comme nous l'avons déjà souligné, extrêmement changeantes. (5) Il existe également d'autres obstacles, que nous n'examinerons pas ici.

[46] (1) Si quelqu'un demande pourquoi je n'ai pas, dès le départ, exposé toutes les vérités de la nature dans l'ordre qui leur est dû, dans la mesure où la vérité va de soi, je réponds en l'avertissant de ne rejeter comme faux aucun paradoxe. il peut les trouver ici, mais en prenant la peine de réfléchir à l'enchaînement des raisonnements sur lesquels ils s'appuient ; il ne doutera alors plus que nous ayons atteint la vérité. (2) C'est pourquoi j'ai comme ci-dessus.

[47] (1) S'il reste encore un sceptique qui doute de notre vérité première et de toutes les déductions que nous faisons, prenant cette vérité comme notre critère, il doit soit argumenter de mauvaise foi, soit nous devons admettre qu'il existe des hommes dans une cécité mentale complète, soit innée, soit due à des idées fausses, c'est-à-dire à une influence extérieure. (2) Ces personnes ne sont pas conscientes d'elles-mêmes. (3) S'ils affirment ou doutent de quelque chose, ils ne savent pas qu'ils affirment ou doutent : ils disent qu'ils ne savent rien, et ils disent qu'ils ignorent le fait même qu'ils ne savent rien. (4) Même cela, ils ne l'affirment pas absolument, ils ont peur d'avouer qu'ils existent, tant qu'ils ne savent rien ; en fait, ils devraient rester muets, de peur de supposer ce qui devrait ressembler à la vérité.

(48) (1) Enfin, avec de telles personnes, il ne faut pas parler de sciences : car, en ce qui concerne la vie et la conduite, elles sont obligées par nécessité de supposer qu'elles existent, et cherchent leur propre avantage, et souvent affirment et nier, même sous serment. (2) S'ils nient, accordent ou contredisent, ils ne savent pas qu'ils nient, accordent ou contredisent, de sorte qu'ils doivent être considérés comme des automates totalement dépourvus d'intelligence.

[49] (1) Revenons maintenant à notre proposition. (2) Jusqu'à présent, nous avons d'abord défini la fin vers laquelle nous désirons diriger toutes nos pensées ; deuxièmement, nous avons déterminé le mode de perception le mieux adapté pour nous aider à atteindre notre perfection ; troisièmement, nous avons découvert la voie que notre esprit doit suivre pour prendre un bon départ, à savoir qu'il doit utiliser chaque idée vraie comme critère pour poursuivre ses recherches selon des règles fixes. (49:3) Or, pour que cela puisse procéder ainsi, notre méthode doit nous fournir, d'abord, un moyen de distinguer une idée vraie de toutes les autres perceptions, et de permettre à l'esprit d'éviter ces dernières ; deuxièmement, avec des règles pour percevoir les choses inconnues selon le critère de l'idée vraie ; troisièmement, avec un ordre qui nous permet d'éviter un travail inutile. (49:4) Lorsque nous avons pris connaissance de cette méthode, nous avons vu que, quatrièmement, elle serait parfaite lorsque nous aurions atteint l'idée de l'Être absolument parfait. (5) C'est une observation qu'il convient de faire d'abord, afin que l'on puisse arriver plus rapidement à la connaissance d'un tel être.

[50] (1) Commençons donc par la première partie de la méthode, qui est, comme nous l'avons dit, de distinguer et de séparer l'idée vraie des autres perceptions, et d'empêcher l'esprit de confondre avec les idées vraies celles-là. qui sont faux, fictifs et douteux. (2) J'ai l'intention de m'étendre longuement sur ce point, en partie pour garder à l'esprit du lecteur une distinction si nécessaire, et aussi parce que certains doutent des idées vraies, parce qu'ils n'ont pas fait attention à la distinction entre une perception vraie et tout ce qui est vrai . autres. (3) De telles personnes sont comme des hommes qui, pendant qu'ils sont éveillés, ne doutent pas d'être éveillés, mais qui ensuite, dans un rêve, comme cela arrive souvent, pensant qu'ils sont sûrement éveillés, puis constatant qu'ils étaient dans l'erreur, deviennent dubitatifs. même d'être éveillé. (4) Cet état d'esprit résulte de la négligence de la distinction entre le sommeil et l'éveil.

[51] (1) En attendant, je préviens que je ne donnerai pas ici l'essence de chaque perception et ne l'expliquerai pas par sa cause prochaine. (2) Un tel travail relève du domaine de la philosophie. (3) Je me limiterai à ce qui concerne la méthode, c'est-à-dire au caractère des perceptions fictives, fausses et douteuses, et aux moyens de s'en affranchir. (4) Examinons donc d'abord la nature d'une idée fictive.

[52] (1) Toute perception a pour objet soit une chose considérée comme existante, soit uniquement l'essence d'une chose. (2) Or la « fiction » s'occupe principalement des choses considérées comme existantes. (3) Je considérerai donc d'abord ces cas, je veux dire les cas où seule l'existence d'un objet est feinte, et la chose ainsi feinte est comprise, ou supposée être comprise. (4) Par exemple, je fais semblant que Pierre, que je sais rentré chez lui, est parti me voir, [r] ou quelque chose de ce genre. (5) De quoi s'agit-il avec une telle

idée ? (6) Il s'agit de choses possibles et non de choses nécessaires ou impossibles.

[53] (1) J'appelle une chose impossible lorsque son existence impliquerait une contradiction ; nécessaire, lorsque sa non-existence impliquerait une contradiction ; possible, lorsque ni son existence ni sa non-existence n'impliquent une contradiction, mais lorsque la nécessité ou l'impossibilité de sa nature dépend de causes qui nous sont inconnues, tandis que nous feignons qu'elle existe. (2) Si nous connaissions la nécessité ou l'impossibilité de son existence en fonction de causes extérieures, nous ne pourrions formuler aucune hypothèse fictive à son sujet ;

[54] (1) D'où il s'ensuit que s'il existe un Dieu, ou un Être omniscient, celui-ci ne peut former d'hypothèses fictives. (2) Car, en ce qui concerne nous-mêmes, quand je sais que j'existe, [s] je ne peux pas émettre l'hypothèse que j'existe ou que je n'existe pas, pas plus que je ne peux émettre l'hypothèse d'un éléphant qui puisse passer par le trou d'une aiguille ; et quand je connais la nature de Dieu, je ne peux pas émettre l'hypothèse qu'Il existe ou non. [t] (54:3) La même chose doit être dite de la Chimère, dont la nature implique une contradiction. (4) De ces considérations, il ressort clairement, comme je l'ai déjà dit, que la fiction ne peut pas concerner des vérités éternelles. [tu]

[55] (1) Mais avant d'aller plus loin, je dois remarquer, en passant, que la différence entre l'essence d'une chose et l'essence d'une autre chose est la même que celle qui existe entre la réalité ou l'existence d'une chose et l'essence d'une autre chose. réalité ou existence d'autrui; donc, si l'on voulait concevoir l'existence, par exemple, d'Adam, simplement au moyen de l'existence en général, ce serait comme si, pour concevoir son existence, on remontait à la nature de l'être, de manière à ce que définir Adam comme un être. (2) Ainsi, plus l'existence est conçue de manière générale, plus elle est conçue confusément et plus facilement peut-elle être attribuée à un objet donné. (55:3) Au contraire, plus il est conçu particulièrement, plus il est compris clairement, et moins il est susceptible d'être attribué, par négligence de l'ordre de la Nature, à autre chose qu'à son objet propre. (4) Ceci mérite d'être remarqué.

[56] (1) Nous passons maintenant à l'examen des cas que l'on appelle communément des fictions, bien que nous ayons clairement compris que la chose n'est pas telle que nous l'imaginons. (2) Par exemple, je sais que la terre est ronde, mais rien ne m'empêche de dire aux gens que c'est un hémisphère, et qu'elle est comme une demi-pomme sculptée en relief sur un plat ; ou que le soleil tourne autour de la terre, et ainsi de suite. (56:3) Cependant, l'examen nous montrera qu'il n'y a rien ici d'incohérent avec ce qui a été dit, à condition que nous admettions d'abord que nous avons pu commettre des erreurs, et que nous en soyons maintenant conscients ; et, en outre, que nous pouvons

émettre l'hypothèse, ou du moins supposer, que d'autres sont victimes de la même erreur que nous, ou peuvent, comme nous, en tomber. (4) Nous pouvons, je le répète, émettre ainsi des hypothèses tant que nous ne voyons aucune impossibilité. (56:5) Ainsi, quand je dis à quelqu'un que la terre n'est pas ronde, etc., je me souviens simplement de l'erreur que j'ai peut-être commise moi-même, ou dans laquelle j'aurais pu tomber, et ensuite j'émets l'hypothèse que la personne à qui je faisais dites-lui, est toujours, ou peut encore tomber sous le coup de la même erreur. (6) Ce que je dis, je peux le fcindre tant que je n'aperçois aucune impossibilité ou nécessité ; si je comprenais vraiment l'un ou l' autre , je ne pourrais pas feindre, et j'en serais réduit à dire que j'ai tenté.

[57] (1) Il nous reste à considérer les hypothèses formulées dans les problèmes, qui impliquent parfois des impossibilités. (2) Par exemple, lorsque nous disons : supposons que cette bougie allumée ne brûle pas, ou supposons qu'elle brûle dans un espace imaginaire, ou là où il n'y a aucun objet physique. (3) De telles hypothèses sont formulées librement, même si la dernière semble clairement impossible. (4) Mais, quoi qu'il en soit, il n'y a aucune fiction dans cette affaire. (57:5) Car, dans le premier cas, j'ai simplement rappelé à la mémoire, [x] une autre bougie ne brûlant pas, ou j'ai conçu la bougie devant moi comme sans flamme, et alors je comprends comme s'appliquant à cette dernière, laissant son flamme hors de question, tout ce que je pense du premier. (6) Dans le second cas, il me suffit d'abstraire mes pensées des objets entourant la bougie, pour que l'esprit se consacre à la contemplation de la bougie considérée individuellement en elle-même seulement ; Je peux alors conclure que la bougie ne contient en elle-même aucune cause de sa propre destruction, de sorte que s'il n'y avait pas d'objets physiques, la bougie, et même la flamme, resteraient immuables, et ainsi de suite. (7) Il n'y a donc ici pas de fiction, mais [y] des affirmations vraies et nues.

[58] (1) Passons maintenant aux fictions qui concernent uniquement les essences, ou simultanément une réalité ou une existence. (2) Parmi ceux-ci, nous devons spécialement observer que plus la compréhension de l'esprit est petite et son expérience multiplexée, plus sa capacité à inventer des fictions sera grande, tandis qu'à mesure que sa compréhension s'accroît, sa capacité à entretenir des idées fictives diminue. (58:3) Par exemple, de même que nous sommes incapables, pendant que nous pensons, de fcindre que nous pensons ou ne pensons pas, de même, lorsque nous connaissons la nature du corps, nous ne pouvons pas imaginer une mouche infinie ; ou, quand nous connaissons la nature de l'âme, [z] nous ne pouvons pas l'imaginer comme carrée, bien que tout puisse être exprimé verbalement. (4) Mais, comme nous l'avons dit plus haut, moins les hommes connaissent la nature, plus ils peuvent facilement inventer des idées fictives, telles que des arbres parlant,

des hommes instantanément transformés en pierres, ou en fontaines, des fantômes apparaissant dans des miroirs, quelque chose sortant de rien, même les dieux se sont transformés en bêtes et en hommes et une infinité d'autres absurdités du même genre.

[59] (1) Certaines personnes pensent peut-être que la fiction est limitée par la fiction et non par la compréhension ; en d'autres termes, après avoir formé une idée fictive et avoir affirmé de mon plein gré qu'elle existe sous une certaine forme dans la nature, je suis par conséquent empêché d'y penser sous une autre forme. (2) Par exemple, lorsque j'ai feint (pour reprendre leur argument) que la nature du corps est d'une certaine sorte, et que j'ai voulu de mon plein gré me convaincre qu'il existe réellement sous cette forme, je ne suis plus capable de faire l'hypothèse qu'une mouche, par exemple, est infinie ; ainsi, quand j'ai émis l'hypothèse de l'essence de l'âme, je ne peux pas la penser comme carrée, etc.

[60] (1) Mais ces arguments nécessitent un examen plus approfondi. (2) Premièrement, leurs partisans doivent soit accorder, soit nier que nous puissions comprendre quoi que ce soit. S'ils l'accordent, il faut nécessairement en dire autant de la compréhension que de la fiction. (3) S'ils le nient, voyons ce qu'ils veulent dire à nous, qui savons que nous savons quelque chose. (4) Ils affirment que l'âme peut être consciente et percevoir de diverses manières, non pas elle-même ni les choses qui existent, mais seulement des choses qui ne sont ni en elle ni ailleurs, en d'autres termes, que l'âme peut, par son pouvoir seul, créer des sensations ou des idées sans rapport avec les choses. (5) En fait, ils considèrent l'âme comme une sorte de dieu . (60:6) De plus, ils affirment que nous ou notre âme avons une telle liberté que nous pouvons nous contraindre, ou contraindre notre âme, ou même la liberté de notre âme. (7) Car, après avoir formé une idée fictive et y avoir donné son assentiment, il ne peut plus la penser ou la feindre d'aucune autre manière, mais est contraint par la première idée fictive de maintenir toutes ses autres pensées en harmonie avec elle. (8) Nos adversaires sont ainsi amenés à admettre, à l'appui de leur fiction, les absurdités que je viens d'énumérer ; et qui ne méritent pas une réfutation rationnelle.

[61] (1) Tout en laissant ces personnes dans leur erreur, nous prendrons soin de tirer de notre discussion avec elles une vérité utile à notre dessein, à savoir, [61a] que l'esprit, en prêtant attention à une chose hypothétique ou fausse , afin de le méditer et de le comprendre, et d'en tirer les conclusions appropriées dans l'ordre voulu, découvrira facilement sa fausseté ; et si la chose hypothétique est vraie dans sa nature, et que l'esprit y prête attention, de manière à la comprendre et à en déduire les vérités qui en peuvent être dérivées, l'esprit procédera à une série ininterrompue de conclusions appropriées ; de la même manière qu'elle découvrirait aussitôt (comme nous

l'avons montré tout à l'heure) l'absurdité d'une fausse hypothèse et des conclusions qu'on en tire.

[62] (1) Nous ne devons donc pas avoir peur de formuler des hypothèses, tant que nous avons une perception claire et distincte de ce qui est impliqué. (2) Car, si nous devions peut-être affirmer que les hommes sont soudainement transformés en bêtes, l'énoncé serait extrêmement général, si général qu'il n'y aurait aucune conception, c'est-à-dire aucune idée ou connexion de sujet et de prédicat, dans notre pensée. (3) Si une telle conception existait, nous devrions en même temps être conscients des moyens et des causes par lesquels l'événement s'est produit. (4) De plus, nous ne prêtons aucune attention à la nature du sujet et du prédicat.

[63] (1) Or, si la première idée n'est pas fictive, et si toutes les autres idées en sont déduites, notre hâte de former des idées fictives s'atténuera peu à peu. (2) De plus, comme une idée fictive ne peut être claire et distincte, mais est nécessairement confuse, et que toute confusion vient de ce que l'esprit n'a qu'une connaissance partielle d'une chose simple ou complexe, et ne fait pas de distinction entre les choses connues. et l'inconnu, et, de plus, qu'il dirige son attention de manière confuse vers toutes les parties d'un objet à la fois sans faire de distinctions, il s'ensuit, premièrement, que si l'idée concerne quelque chose de très simple, elle doit nécessairement être claire et distincte. (3) Car un objet très simple ne peut être connu en partie, il faut soit qu'il soit entièrement connu, soit qu'il ne soit pas connu du tout.

[64] (1) Deuxièmement, il s'ensuit que si un objet complexe est divisé par la pensée en un certain nombre de parties composantes simples, et si chacune est considérée séparément, toute confusion disparaîtra. (2) Troisièmement, il s'ensuit que la fiction ne peut pas être simple, mais est composée du mélange de plusieurs idées confuses d'objets ou d'actions divers existant dans la nature, ou plutôt est composée d'une attention dirigée vers toutes ces idées à la fois, [64b] et non accompagné de tout assentiment mental.

(64:3) Or, une fiction simple serait claire et distincte, et donc vraie, de même une fiction composée uniquement d'idées distinctes serait claire et distincte, et donc vraie. (4) Par exemple, quand nous connaissons la nature du cercle et du carré, il nous est impossible de confondre ces deux figures, et de faire l'hypothèse d'un cercle carré, pas plus qu'une âme carrée, ou des choses de ce genre.

[65] (1) Arrivons bientôt à notre conclusion, et répétons encore qu'il ne faut pas craindre de confondre avec des idées vraies ce qui n'est qu'une fiction. (2) Quant à la première sorte de fiction dont nous avons déjà parlé, lorsqu'une chose est clairement conçue, nous avons vu que si l'existence de cette chose est en elle-même une vérité éternelle, la fiction ne peut y avoir aucune part ; mais si l'existence du conçu n'est pas une vérité éternelle, il

suffit de prendre soin de comparer cette existence à l'essence de la chose et de considérer l'ordre de la nature. (64:3) Quant à la seconde sorte de fiction, que nous avons déclaré être le résultat du fait de diriger simultanément l'attention, sans l'assentiment de l'intellect, sur différentes idées confuses représentant différentes choses et actions existant dans la nature, nous avons vu que une chose absolument simple ne peut être feinte, mais doit être comprise, et qu'une chose complexe est dans le même cas si l'on considère séparément les parties simples dont elle est composée ; nous ne pourrons même pas émettre l'hypothèse d'une action fausse concernant de tels objets, car nous serons obligés de considérer en même temps les causes et la manière d'une telle action.

[66] (1) Ces choses étant ainsi entendues, passons à considérer l'idée fausse, en observant les objets dont elle se rapporte, et les moyens de se garder de tomber dans de fausses perceptions. (2) Aucune de ces tâches ne présentera beaucoup de difficulté, après notre enquête sur les idées fictives. (3) L'idée fausse ne diffère de l'idée fictive que par le fait qu'elle implique un assentiment mental - c'est-à-dire, comme nous l'avons déjà remarqué, que pendant que les représentations se produisent, aucune cause ne nous est présente pour laquelle, comme dans la fiction , , nous pouvons conclure que de telles représentations ne proviennent pas d'objets extérieurs : en fait, cela revient à rêver les yeux ouverts ou éveillés. (67:4) Ainsi, une idée fausse concerne, ou (pour parler plus correctement) est attribuable à l'existence d'une chose dont l'essence est connue, ou à l'essence elle-même, de la même manière qu'une idée fictive.

[67] (1) Si elle est attribuable à l'existence de la chose, elle est corrigée de la même manière qu'une idée fictive dans des circonstances similaires. (2) Si elle est attribuable à l'essence, elle est également corrigée de la même manière qu'une idée fictive. (67:3) Car si la nature de la chose connue implique une existence nécessaire, nous ne pouvons pas nous tromper quant à son existence ; mais si la nature de la chose n'est pas une vérité éternelle, comme son essence, mais qu'au contraire la nécessité ou l'impossibilité de son existence dépend de causes extérieures, alors il faut suivre la même marche que celle que nous avons adoptée dans la fiction, car elle est corrigée. de la même manière.

(1) Quant aux idées fausses concernant les essences, ou même les actions, de telles perceptions sont nécessairement toujours confuses, étant composées de différentes perceptions confuses des choses existant dans la nature, comme, par exemple, lorsque les hommes sont persuadés que les divinités sont présent dans les bois, dans les statues, dans les bêtes brutes, etc.; qu'il existe des corps qui, par leur seule composition, donnent naissance à l'intellect ; que les cadavres raisonnent, se promènent et parlent ; que Dieu est trompé, et ainsi de suite. (68:2) Mais les idées claires et distinctes ne

peuvent jamais être fausses : car les idées des choses clairement et distinctement conçues, ou bien sont très simples elles-mêmes, ou bien sont composées d'idées très simples, c'est-à-dire qu'elles en sont déduites. (3) L'impossibilité qu'une idée très simple soit fausse est évidente pour quiconque comprend la nature de la vérité ou de l'entendement et du mensonge.

[69] (1) Quant à ce qui constitue la réalité de la vérité, il est certain qu'une idée vraie se distingue d'une idée fausse, non pas tant par son objet extrinsèque que par sa nature intrinsèque. (2) Si un architecte conçoit un bâtiment correctement construit, même si un tel bâtiment n'a jamais existé et n'a jamais existé, l'idée est néanmoins vraie ; et l'idée reste la même, qu'elle soit exécutée ou non. (69:3) D'un autre côté, si quelqu'un affirme, par exemple, que Pierre existe, sans savoir si Pierre existe réellement ou non, l'affirmation, en ce qui concerne celui qui l'affirme, est fausse, ou n'est pas vraie, même si Peter existe réellement. (4) L'affirmation selon laquelle Pierre existe n'est vraie qu'en ce qui concerne celui qui sait avec certitude que Pierre existe.

(70) (1) D'où il suit qu'il y a dans les idées quelque chose de réel, par quoi le vrai se distingue du faux. (2) Cette réalité doit être étudiée, si nous voulons trouver le meilleur critère de vérité (nous avons dit que nous devons déterminer nos pensées selon le critère donné d'une idée vraie, et cette méthode est la connaissance réflexive), et pour connaître les propriétés de notre compréhension. (70:3) Il ne faut pas non plus dire que la différence entre le vrai et le faux vient de ce que la vraie connaissance consiste à connaître les choses par leurs causes premières, ce qui est totalement différent de la fausse connaissance, comme je viens de l'expliquer : car On dit qu'une pensée est vraie si elle implique subjectivement l'essence d'un principe quelconque qui n'a pas de cause et qui est connu par lui-même et en lui-même.

[71] (1) C'est pourquoi la réalité (forma) de la pensée vraie doit exister dans la pensée elle-même, sans référence à d'autres pensées ; elle ne reconnaît pas l'objet comme sa cause, mais doit dépendre de la puissance et de la nature réelles de l'entendement. (2) Car, si nous supposons que l'entendement a perçu quelque nouvelle entité qui n'a jamais existé, comme certains conçoivent l'entendement de Dieu avant qu'il ne crée la chose (perception qui ne pourrait certainement surgir d'aucun objet), et qu'il a légitimement déduit d'autres pensées d'après cette perception, toutes ces pensées seraient vraies, sans être déterminées par aucun objet extérieur ; ils dépendraient uniquement de la puissance et de la nature de l'entendement. (71:3) Ainsi, ce qui constitue la réalité d'une pensée vraie doit être recherché dans la pensée elle-même et déduit de la nature de l'entendement.

[72] (1) Pour poursuivre notre enquête, confrontons-nous à quelque idée vraie, dont nous savons avec certitude que l'objet dépend de notre puissance de penser et n'a rien qui lui corresponde dans la nature. (2) Avec une idée de ce genre devant nous, nous pourrons, comme il ressort de ce qui vient d'être dit, poursuivre plus facilement les recherches que nous nous proposons. (72:3) Par exemple, pour former la conception d'une sphère, j'invente une cause à mon gré, à savoir un demi-cercle tournant autour de son centre et produisant ainsi une sphère. (4) C'est incontestablement une idée vraie ; et, bien que nous sachions qu'aucune sphère dans la nature n'a jamais été réellement formée de cette manière, la perception reste vraie et constitue la manière la plus simple de concevoir une sphère. (72:5) Nous devons observer que cette perception affirme la rotation d'un demi-cercle, affirmation qui serait fausse si elle n'était pas associée à la conception d'une sphère, ou d'une cause déterminant un mouvement du genre, ou absolument , si l'assertion était isolée. (6) L'esprit ne tendrait alors qu'à affirmer le seul mouvement d'un demi-cercle, qui n'est pas contenu dans la conception d'un demi-cercle, et ne découle de la conception d'aucune cause capable de produire un tel mouvement.

(72:7) Ainsi la fausseté consiste seulement en ce qu'on affirme quelque chose d'une chose, qui n'est pas contenu dans la conception que nous nous sommes formée de cette chose, comme mouvement ou repos d'un demi-cercle. (8) D'où il suit que les idées simples ne peuvent être que vraies, par exemple l'idée simple de demi-cercle, de mouvement, de repos, de quantité, etc.

(72:9) Quelle que soit l'affirmation que contiennent de telles idées, elle est égale au concept formé et ne s'étend pas plus loin. (10) C'est pourquoi nous formons autant d'idées simples qu'il nous plaît, sans aucune crainte d'erreur.

(73) (1) Il ne nous reste plus qu'à rechercher par quelle puissance notre esprit peut former des idées vraies, et jusqu'où s'étend cette puissance. (2) Il est certain qu'un tel pouvoir ne peut s'étendre à l'infini. (3) Car lorsque nous affirmons quelque chose d'une chose qui n'est pas contenue dans le concept que nous nous sommes formé de cette chose, une telle affirmation montre un défaut de notre perception, ou que nous avons formé des idées fragmentaires ou mutilées. (4) Ainsi nous avons vu que la notion de demi-cercle est fausse lorsqu'elle est isolée dans l'esprit, mais vraie lorsqu'elle est associée au concept de sphère, ou à quelque cause déterminant un tel mouvement. (73:5) Mais si c'est la nature d'un être pensant, comme cela semble être le cas, à première vue, de former des pensées vraies ou adéquates, il est clair que des idées inadéquates surgissent en nous uniquement parce que nous faisons partie d'un être pensant, dont les pensées – certaines dans leur intégralité, d'autres seulement par fragments – constituent notre esprit.

[74] (1) Mais il y a un autre point à considérer, qui ne valait pas la peine d'être soulevé dans le cas de la fiction, mais qui donne lieu à une tromperie complète, à savoir que certaines choses présentées à l'imagination existent aussi dans l'entendement. - en d'autres termes, sont conçus de manière claire et distincte. (2) Ainsi, tant qu'on ne sépare pas ce qui est distinct de ce qui est confus, la certitude, ou l'idée vraie, se mêle aux idées indistinctes. (3) Par exemple, certains stoïciens entendirent peut-être le terme « âme », et aussi que l'âme est immortelle, mais ne l'imaginèrent que confusément ; ils imaginèrent aussi et comprirent que les corps très subtils pénètrent tous les autres et ne sont pénétrés par aucun. (74:4) En combinant ces idées, et étant en même temps certains de la vérité de l'axiome, ils devinrent aussitôt convaincus que l'esprit est constitué de corps très subtils ; que ces corps très subtils ne peuvent être divisés, etc.

[75] (1) Mais nous sommes libérés d'erreurs de ce genre, aussi longtemps que nous nous efforçons d'examiner toutes nos perceptions selon le critère de l'idée vraie donnée. (2) Il faut veiller, comme on l'a dit, à séparer ces perceptions de toutes celles qui proviennent de ouï-dire ou d'expériences non classifiées. (3) De plus, de telles erreurs proviennent du fait que les choses sont trop conçues de manière abstraite ; car il va de soi que ce que je conçois comme étant son véritable objet, je ne peux l'appliquer à autre chose. (75:4) Enfin, ils proviennent d'un manque de compréhension des éléments primaires de la nature dans son ensemble ; d'où nous procédons sans ordre et confondons la nature avec des règles abstraites qui, bien qu'elles soient assez vraies dans leur domaine, mais, lorsqu'elles sont mal appliquées, se confondent elles-mêmes et pervertissent l'ordre de la nature. (5) Cependant, si nous procédons avec le moins d'abstraction possible et commençons par les éléments primaires, c'est-à-dire depuis la source et l'origine de la nature, aussi loin que possible, nous n'avons pas à craindre aucune tromperie de la nature . cette sorte.

[76] (1) En ce qui concerne la connaissance de l'origine de la nature, il n'y a aucun danger de la confondre avec des abstractions. (2) Car lorsqu'une chose est conçue abstraitement, comme le sont toutes les notions universelles, lesdites notions universelles sont toujours plus étendues dans l'esprit que le nombre d'individus formant leur contenu existant réellement dans la nature. (3) Encore une fois, il y a beaucoup de choses dans la nature dont la différence est si légère qu'elle est à peine perceptible à l'entendement ; de sorte qu'il peut facilement arriver que de telles choses se confondent si elles sont conçues abstraitement. (4) Mais puisque le premier principe de la nature ne peut pas (comme nous le verrons ci-après) être conçu de manière abstraite ou universelle, et ne peut pas s'étendre plus loin dans l'entendement qu'il ne le fait dans la réalité, et n'a aucune ressemblance avec des choses muables, aucune confusion n'est à craindre. en ce qui concerne l'idée, à condition

(comme nous l'avons montré précédemment) que nous possédions un critère de vérité. (5) Il s'agit en fait d'un être unique et infini [76z] ; en d'autres termes, c'est la somme totale de l'être, au-delà de laquelle il n'y a rien à trouver. [76a]

[77] (1) Jusqu'ici nous avons traité de l'idée fausse. Nous devons maintenant examiner l'idée douteuse, c'est-à-dire rechercher ce qui peut nous faire douter et comment le doute peut être levé. (2) Je parle d'un doute réel existant dans l'esprit, et non d'un doute comme celui que nous voyons en exemple lorsqu'un homme dit qu'il doute, bien que son esprit n'hésite pas vraiment. (77:3) La guérison de ce dernier ne relève pas du domaine de la méthode, elle appartient plutôt aux enquêtes concernant l'obstination et sa guérison.

[78] (1) Le doute réel n'est jamais produit dans l'esprit par la chose dont on doute. (2) En d'autres termes, s'il n'y avait qu'une seule idée dans l'esprit, que cette idée soit vraie ou fausse, il n'y aurait ni doute ni certitude, seulement une certaine sensation. (3) Car une idée n'est en soi rien d'autre qu'une certaine sensation. (4) Mais le doute naîtra d'une autre idée, pas assez claire et distincte pour que nous puissions tirer des conclusions certaines sur la question considérée ; c'est-à-dire que l'idée qui nous fait douter n'est ni claire ni distincte. (5) Pour prendre un exemple. (78:6) En supposant qu'un homme n'ait jamais réfléchi, appris par l'expérience ou par tout autre moyen, que nos sens nous trompent parfois, il ne doutera jamais si le soleil est plus grand ou plus petit qu'il ne le paraît. (7) Ainsi les paysans sont généralement étonnés lorsqu'ils entendent que le soleil est beaucoup plus grand que la terre. (8) Mais de la réflexion sur la tromperie des sens [78a] le doute surgit, et si, après avoir douté, nous acquérons une véritable connaissance des sens et de la façon dont les choses à distance sont représentées par leur instrument, le doute est de nouveau levé.

(79) (1) Nous ne pouvons donc pas mettre en doute les idées vraies en supposant qu'il existe une Divinité trompeuse, qui nous égare même dans ce qui est le plus certain. (2) Nous ne pouvons soutenir une telle hypothèse que tant que nous n'avons pas d'idée claire et distincte, en d'autres termes, jusqu'à ce que nous réfléchissions à la connaissance que nous avons du premier principe de toutes choses et que nous trouvions ce qui nous enseigne que Dieu n'est pas un trompeur, et jusqu'à ce que nous le sachions avec la même certitude que nous le savons en réfléchissant sur le fait que sont égaux à deux angles droits. (3) Mais si nous avons une connaissance de Dieu égale à celle que nous avons d'un triangle, tout doute est levé. (79:4) De la même manière que nous pouvons parvenir à ladite connaissance d'un triangle, bien que nous ne soyons pas absolument sûrs qu'il n'y ait pas un grand trompeur qui nous égare, de même pouvons-nous parvenir à une connaissance similaire de Dieu sous des conditions similaires. condition, et quand nous y sommes parvenus,

il suffit, comme je l'ai déjà dit, de lever tout doute que nous pouvons avoir sur les idées claires et distinctes.

[80] (1) Ainsi, si un homme procédait à nos investigations dans l'ordre approprié, s'enquérant d'abord des choses qui devraient être étudiées en premier, sans jamais passer par-dessus un maillon de la chaîne d'association, et sachant comment définir ses questions avant de chercher à y répondre, il n'aura jamais d'idées que celles qui soient très certaines, ou, en d'autres termes, claires et distinctes ; car le doute n'est qu'une suspension de l'esprit sur quelque affirmation ou négation sur laquelle il se prononcerait sans hésiter s'il n'ignorait pas quelque chose, sans lequel la connaissance de la matière en question serait nécessairement imparfaite. (2) Nous pouvons donc conclure que le doute provient toujours du manque d'ordre dans l'enquête.

[81] (1) Ce sont les points que j'avais promis de discuter dans la première partie de mon traité sur la méthode. (2) Cependant, pour ne rien omettre de ce qui peut conduire à la connaissance de l'entendement et de ses facultés, j'ajouterai quelques mots au sujet de la mémoire et de l'oubli.

(81 : 3) Le point le plus digne d'attention est que la mémoire est renforcée à la fois avec et sans l'aide de l'entendement. (4) Car plus une chose est intelligible, plus on s'en souvient facilement, et moins elle est intelligible, plus facilement on l'oublie. (5) Par exemple, un certain nombre de mots sans lien entre eux sont beaucoup plus difficiles à retenir que le même nombre sous forme de narration.

[82] (1) La mémoire est également renforcée sans le secours de l'entendement au moyen du pouvoir avec lequel l'imagination ou le sens appelé commun est affecté par quelque objet physique particulier. (2) Je dis particulière, car l'imagination n'est affectée que par les objets particuliers. (3) Si nous lisons, par exemple, une seule comédie romantique, nous nous en souviendrons très bien, pourvu que nous n'en lisions pas beaucoup d'autres du même genre, car elle régnera seule dans la mémoire (4) Si cependant , nous en lisons plusieurs autres du même genre, nous y penserons ensemble et nous confondrons facilement les uns avec les autres. (82:5) Je dis aussi, physique. (6) Car l'imagination n'est affectée que par les objets physiques. (7) Comme donc la mémoire se fortifie avec et sans le secours de l'entendement, on peut conclure qu'elle est différente de l' entendement, et que dans celle-ci considérée en elle-même il n'y a ni mémoire ni oubli.

[83] (1) Qu'est-ce donc que la mémoire ? (2) Ce n'est rien d'autre que la sensation réelle d'impressions sur le cerveau, accompagnée de la pensée d'une durée déterminée, [83d] de la sensation. (3) Ceci est également démontré par la réminiscence. (4) Car alors nous pensons à la sensation, mais sans la notion de durée continue ; ainsi l'idée de cette sensation n'est pas la durée réelle de la sensation ou le souvenir réel. (83:5) La philosophie verra si les idées sont

ou non sujettes à la corruption. (6) Si cela paraît trop absurde à quelqu'un, il suffira pour notre propos de réfléchir sur le fait qu'une chose se souvient plus facilement en proportion de sa singularité, comme le montre l'exemple de la comédie que nous venons de citer. (83:7) De plus, on se souvient plus facilement d'une chose proportionnellement à son intelligibilité ; on ne peut donc s'empêcher de rappeler ce qui est extrêmement singulier et suffisamment intelligible.

(84) (1) Ainsi donc, nous avons distingué une idée vraie des autres perceptions, et montré que les idées fictives, fausses et le reste, naissent de l'imagination, c'est-à-dire de certaines sensations fortuites (pour ainsi dire).) et déconnectés, provenant non de la puissance de l'esprit, mais de causes extérieures, selon que le corps, endormi ou éveillé, reçoit divers mouvements.

(2) Mais on peut avoir le point de vue qu'on veut de l'imagination, à condition de reconnaître qu'elle est différente de l'entendement et que l'âme est passive à son égard. (3) Le point de vue adopté est sans importance, si l'on sait que l'imagination est quelque chose d'indéfini, à l'égard duquel l'âme est passive, et que l'on peut d'une manière ou d'une autre s'en libérer avec l'aide de l'entendement. (4) Que personne ne s'étonne donc qu'avant de prouver l'existence du corps et d'autres choses nécessaires, je parle de l'imagination du corps et de sa composition. (5) Le point de vue adopté est, je le répète, sans importance, tant que nous savons que l'imagination est quelque chose d'indéfini, etc.

[85] (1) En ce qui concerne une idée vraie, nous avons montré qu'elle est simple ou composée d'idées simples ; qu'il montre comment et pourquoi quelque chose est ou a été fait ; et que ses effets subjectifs dans l'âme correspondent à la réalité réelle de son objet. (2) Cette conclusion est identique au dicton des anciens, selon lequel le vrai procède de la cause à l'effet ; bien que les anciens, autant que je sache, n'aient jamais formé la conception avancée ici selon laquelle l'âme agit selon des lois fixes et est comme un automate immatériel.

(86) (1) Ainsi, autant que cela est possible au début, nous avons acquis une connaissance de notre entendement et un tel degré d'idée vraie que nous n'avons plus à craindre de confondre la vérité avec le mensonge et la fiction. (2) Nous ne nous demanderons pas non plus pourquoi nous comprenons certaines choses qui ne relèvent en aucun cas du domaine de l'imagination, tandis que d'autres choses sont dans l'imagination mais totalement opposées à l'entendement, ou d'autres encore qui s'accordent avec elle . (3) Nous savons maintenant que les opérations par lesquelles se produisent les effets de l'imagination se déroulent sous d'autres lois tout à fait différentes des lois de l'entendement, et que l'esprit est entièrement passif à leur égard.

(87) (1) D'où nous pouvons aussi voir avec quelle facilité les hommes peuvent tomber dans de graves erreurs s'ils ne distinguent pas exactement entre l'imagination et l'entendement ; comme croire que l'étendue doit être localisée, qu'elle doit être finie, que ses parties sont réellement distinctes les unes des autres, qu'elle est le fondement premier et unique de toutes choses, qu'elle occupe plus d'espace à un moment qu'à un autre et d'autres doctrines similaires, toutes entièrement opposées à la vérité, comme nous le montrerons dûment.

[88] (1) Encore une fois, puisque les mots font partie de l'imagination – c'est-à-dire puisque nous formons de nombreuses conceptions conformément à des arrangements confus de mots dans la mémoire, dépendant de conditions corporelles particulières – il ne fait aucun doute que les mots peuvent, tout comme l'imagination, être la cause de nombreuses et grandes erreurs, à moins que nous ne soyons strictement sur nos gardes.

(89) (1) De plus, les mots sont formés selon la fantaisie et l'intelligence populaires, et sont donc des signes de choses comme existant dans l'imagination, et non comme existant dans l'entendement. (2) Cela ressort clairement du fait qu'à toutes les choses qui n'existent que dans l'entendement et non dans l'imagination, on donne souvent des noms négatifs, tels que incorporel, infini, etc. (3) De même, de nombreuses conceptions réellement affirmatives sont exprimées négativement, et vice versa, telles que incréé, indépendant, infini, immortel, etc., dans la mesure où leurs contraires sont beaucoup plus faciles à imaginer et, par conséquent, sont apparus d'abord aux hommes. , et usurpé des noms positifs. (89:4) Nous affirmons et nions beaucoup de choses, parce que la nature des mots nous le permet, alors que la nature des choses ne nous le permet pas. (5) Même si nous ignorons ce fait, nous pouvons facilement confondre le mensonge avec la vérité.

[90] (1) Gardons-nous aussi d'une autre grande cause de confusion, qui empêche l'entendement de réfléchir sur lui-même. (2) Parfois, sans faire de distinction entre l'imagination et l'intellect, nous pensons que ce que nous imaginons plus facilement nous est plus clair ; et aussi nous pensons que ce que nous imaginons, nous le comprenons. (3) Ainsi, nous mettons en premier ce qui devrait être en dernier : le véritable ordre de progression est inversé, et aucune conclusion légitime n'est tirée.

[91] [91e] (1) Maintenant, pour passer longuement à la deuxième partie de cette méthode, j'exposerai d'abord le but visé, puis les moyens pour l'atteindre. (2) Le but visé est l'acquisition d'idées claires et distinctes, telles que celles produites par l'intellect pur, et non par des mouvements physiques fortuits. (3) Afin que toutes les idées puissent être réduites à l'unité, nous nous efforcerons de les associer et de les disposer de manière à ce que notre

esprit puisse, autant que possible, refléter subjectivement la réalité de la nature, à la fois dans son ensemble et en tant que parties.

(92) (1) Quant au premier point, il est nécessaire (comme nous l'avons dit) pour notre propos que toute chose soit conçue, soit uniquement par son essence, soit par sa cause prochaine. (2) Si la chose existe par elle-même ou, comme on dit communément, est la cause d'elle-même, elle doit être comprise uniquement à travers son essence ; s'il n'existe pas par lui-même, mais nécessite une cause pour son existence, il faut le comprendre à travers sa cause prochaine. (3) Car, en réalité, la connaissance [92f] d'un effet n'est rien d'autre que l'acquisition d'une connaissance plus parfaite de sa cause.

(93) (1) Par conséquent, nous ne pouvons jamais, pendant que nous nous occupons de recherches sur les choses réelles, tirer aucune conclusion des abstractions ; on aura grand soin de ne pas confondre ce qui est seulement dans l'entendement avec ce qui est dans la chose elle-même. (2) La meilleure base pour tirer une conclusion sera soit une essence affirmative particulière, soit une définition vraie et légitime. (93:3) Car l'entendement ne peut pas descendre par lui-même des axiomes universels aux choses particulières, puisque les axiomes ont une étendue infinie et ne déterminent pas l'entendement à contempler une chose particulière plus qu'une autre.

[94] (1) Ainsi, la véritable méthode de découverte consiste à former des pensées à partir d'une définition donnée. (2) Ce processus sera d'autant plus fécond et facile que la chose donnée sera mieux définie. (3) C'est pourquoi le point cardinal de toute cette seconde partie de méthode consiste dans la connaissance des conditions d'une bonne définition, et des moyens de les trouver. (4) Je traiterai d'abord des conditions de définition.

(1) Une définition, pour être dite parfaite, doit expliquer l'essence la plus intime d'une chose, et doit avoir soin de n'y substituer aucune de ses propriétés. (2) Pour illustrer mon propos, sans prendre un exemple qui semblerait montrer une volonté de dénoncer les erreurs d'autrui, je choisirai le cas de quelque chose d'abstrait, dont la définition importe peu. (95:3) Tel est un cercle. (4) Si un cercle est défini comme une figure telle que toutes les lignes droites tirées du centre jusqu'à la circonférence soient égales, chacun peut voir qu'une telle définition n'explique pas du tout l'essence d'un cercle, mais seulement une. de ses propriétés. (5) Bien que, comme je l'ai dit, cela n'ait aucune importance dans le cas des figures et autres abstractions, cela est d'une grande importance dans le cas des êtres et des réalités physiques : car les propriétés des choses ne sont pas comprises tant que leurs propriétés ne sont pas comprises. les essences sont inconnues. (6) Si l'on passe outre cette dernière, il y a nécessairement une perversion de la succession des idées qui devrait refléter la succession de la nature, et l'on s'éloigne beaucoup de notre objet.

[96] Afin d'être exempt de cette faute, les règles suivantes doivent être observées dans la définition : - -

I. (1) Si la chose en question est créée, la définition doit (comme nous l'avons dit) comprendre la cause prochaine. (2) Par exemple, un cercle doit, d'après cette règle, être défini comme suit : la figure décrite par toute ligne dont une extrémité est fixe et l'autre libre. (3) Cette définition comprend clairement la cause immédiate.

II. (4) Une conception ou une définition d'une chose doit être telle que toutes les propriétés de cette chose, dans la mesure où elle est considérée par elle-même et non en conjonction avec d'autres choses, puissent en être déduites, comme on peut le voir dans la définition donnée d'un cercle : car il en résulte clairement que toutes les lignes droites tirées du centre jusqu'à la circonférence sont égales. (5) Qu'il s'agisse d'une caractéristique nécessaire d'une définition est si clair pour quiconque réfléchit à la question qu'il n'est pas nécessaire de s'attarder sur sa démonstration, ni sur la démonstration que, en raison de cette seconde condition, toute définition doit être affirmatif. (6) Je parle d'affirmation intellectuelle, sans penser aux affirmations verbales qui, en raison de la pauvreté du langage, doivent parfois, peut-être, être exprimées négativement, bien que l'idée contenue soit affirmative.

[97] Les règles pour la définition d'une chose incréée sont les suivantes : - -

I. L'exclusion de toute idée de cause, c'est-à-dire que la chose ne doit pas avoir besoin d'être expliquée par quoi que ce soit en dehors d'elle-même.

II. Une fois la définition de la chose donnée, il ne doit y avoir aucun doute quant à savoir si la chose existe ou non.

III. Il ne doit contenir, en ce qui concerne l'esprit, aucun substantiel qui pourrait être mis sous forme adjectivale ; en d'autres termes, l'objet défini ne doit pas être expliqué par des abstractions.

IV. Enfin, bien que cela ne soit pas absolument nécessaire, il devrait être possible de déduire de la définition toutes les propriétés de la chose définie.

Toutes ces règles deviennent évidentes pour quiconque y prête une attention particulière.

[98] (1) J'ai également déclaré que la meilleure base pour tirer une conclusion est une essence affirmative particulière. (2) Plus l'idée est spécialisée, plus elle est distincte, et donc claire. (3) C'est pourquoi la connaissance de choses particulières doit être recherchée avec autant de diligence que possible.

[99] (1) En ce qui concerne l'ordre de nos perceptions et la manière dont elles doivent être disposées et unies, il est nécessaire que, dès que cela est possible et rationnel, nous recherchions s'il existe un être (et, si oui, quel être), c'est la

cause de toutes choses, de sorte que son essence, représentée dans la pensée, puisse être la cause de toutes nos idées, et alors notre esprit reflétera dans la plus grande mesure possible la nature. (2) Car il possédera, subjectivement, l'essence, l'ordre et l'union de la nature. (3) Ainsi nous pouvons voir qu'il nous est avant tout nécessaire de déduire toutes nos idées des choses physiques, c'est-à-dire des entités réelles, en procédant, autant que possible, selon la série des causes, d'une seule. entité réelle à une autre entité réelle, sans jamais passer aux universaux et aux abstractions, ni dans le but d'en déduire une entité réelle, ni de les déduire d'une entité réelle. (4) L'un ou l'autre de ces processus interrompt le véritable progrès de la compréhension.

[100] (1) Mais il faut remarquer que, par série de causes et d'entités réelles, j'entends non pas ici la série des choses particulières et muables, mais seulement la série des choses fixes et éternelles. (2) Il serait impossible à l'infirmité humaine de suivre la série des choses particulières mutables, à la fois à cause de leur multitude, dépassant tout calcul, et à cause des circonstances infiniment diverses entourant une seule et même chose, dont chacune peut être la cause de son existence ou de sa non-existence. (3) En effet, leur existence n'a aucun lien avec leur essence, ou (comme nous l'avons déjà dit) n'est pas une vérité éternelle.

(101) (1) Il n'est pas non plus nécessaire que nous comprenions leurs séries, car les essences de choses particulières mutables ne doivent pas être rassemblées à partir de leur série ou de leur ordre d'existence, ce qui ne nous fournirait rien au-delà de leurs dénominations extrinsèques, de leurs relations, ou tout au plus leurs circonstances, qui sont toutes très différentes de leur essence la plus intime. (101:2) Cette essence intime doit être recherchée uniquement dans les choses fixes et éternelles, et dans les lois, inscrites (pour ainsi dire) dans ces choses comme dans leurs vrais codes, selon lesquelles toutes les choses particulières se produisent et s'arrangent ; bien plus, ces choses particulières mutables dépendent si intimement et essentiellement (pour ainsi dire) des choses fixes, qu'elles ne peuvent pas non plus être conçues sans elles.

(102) (1) Mais, quoi qu'il en soit, il semble y avoir une grande difficulté à parvenir à la connaissance de ces choses particulières, car les concevoir toutes à la fois dépasserait de loin les capacités de l'entendement humain. (2) La disposition par laquelle une chose est comprise avant une autre, comme nous l'avons dit, ne doit pas être recherchée dans leur série d'existence, ni dans les choses éternelles. (3) Car ces dernières sont toutes par nature simultanées. (4) D'autres aides sont donc nécessaires en plus de celles employées pour comprendre les choses éternelles et leurs lois. (5) Cependant, ce n'est pas ici le lieu de raconter de tels aides, et il n'est pas nécessaire de le faire, jusqu'à ce que nous ayons acquis une connaissance suffisante des choses éternelles et

de leurs lois infaillibles, et jusqu'à ce que la nature de nos sens soit devenue claire pour nous. nous.

(103) (1) Avant de nous lancer dans la recherche de la connaissance de choses particulières, il sera opportun de parler de telles aides, car toutes tendent à nous enseigner la manière d' employer nos sens et à faire certaines expériences selon des règles et des arrangements fixes qui peut suffire pour déterminer l'objet de notre enquête, afin que nous puissions en déduire sous quelles lois des choses éternelles il a été produit, et que nous puissions avoir un aperçu de sa nature la plus intime, comme je le montrerai dûment. (2) Ici, pour revenir à mon propos, je m'efforcerai seulement d'exposer ce qui semble nécessaire pour nous permettre d'accéder à la connaissance des choses éternelles, et de les définir dans les conditions posées ci-dessus.

[104] (1) A cette fin, il faut garder à l'esprit ce qui a déjà été dit, à savoir que lorsque l'esprit se consacre à une pensée quelconque, afin de l'examiner et d'en déduire dans l'ordre toutes les conclusions légitimes possible, tout mensonge qui pourrait se cacher dans la pensée sera détecté ; mais si la pensée est vraie, l'esprit procédera facilement et sans interruption pour en déduire des vérités. (104:2) Ceci, dis-je, est nécessaire pour notre objectif, car nos pensées peuvent être mises au point par l'absence de fondement.

(105) (1) Si donc nous voulons étudier la première chose de tout, il sera nécessaire de fournir quelque fondement qui puisse diriger nos pensées vers ce point. (2) De plus, puisque la méthode est une connaissance réflexive, le fondement qui doit diriger nos pensées ne peut être autre chose que la connaissance de ce qui constitue la réalité de la vérité, et la connaissance de l'entendement, de ses propriétés et de ses pouvoirs. (3) Lorsque cela sera acquis , nous posséderons une base à partir de laquelle nous pouvons déduire nos pensées, et un chemin par lequel l'intellect, selon sa capacité, peut atteindre la connaissance des choses éternelles, compte tenu de l'étendue des pouvoirs intellectuels. .

(106) (1) Si, comme je l'ai dit dans la première partie, il appartient à la nature de la pensée de former des idées vraies, il faut ici rechercher ce qu'on entend par facultés et puissance de l'entendement. (2) L'essentiel de notre méthode est de comprendre le mieux possible les pouvoirs de l'intellect et sa nature ; nous sommes donc obligés (par les considérations avancées dans la deuxième partie de la méthode) nécessairement de tirer ces conclusions de la définition elle-même de la pensée et de la compréhension.

(107) (1) Mais, dans la mesure où nous n'avons pas de règles pour trouver des définitions, et comme nous ne pouvons pas énoncer de telles règles sans une connaissance préalable de la nature, c'est-à-dire sans une définition de l'entendement et de sa puissance, il il s'ensuit soit que la définition de l'entendement doit être claire en elle-même, soit qu'on ne peut rien

comprendre. (2) Néanmoins, cette définition n'est pas absolument claire en elle-même ; mais comme ses propriétés, comme toutes les choses que nous possédons par l'entendement, ne peuvent être connues clairement et distinctement, à moins que sa nature ne soit connue auparavant, l'entendement se manifeste si nous prêtons attention à ses propriétés, que nous connaissons clairement et distinctement. (3) Énumérons donc ici les propriétés de l'entendement, examinons- les, et commençons par discuter les instruments de recherche que nous trouvons innés en nous. Voir [31]

[108] (1) Les propriétés de l'entendement que j'ai principalement remarquées, et que je comprends bien, sont les suivantes :

I. (2) Cela implique la certitude – en d'autres termes, il sait qu'une chose existe en réalité telle qu'elle se reflète subjectivement.

II. (108:3) Qu'il perçoit certaines choses, ou se forme absolument certaines idées, certaines idées à partir d'autres. (4) Ainsi , il forme l'idée de quantité de manière absolue, sans référence à aucune autre pensée ; mais il ne forme les idées de mouvement qu'après avoir pris en considération l'idée de quantité.

III. (108:5) Les idées que l'entendement forme expriment absolument l'infini ; les idées déterminées dérivent d'autres idées. (6) Ainsi, dans l'idée de quantité, perçue au moyen d'une cause, la quantité est déterminée, comme lorsqu'on perçoit un corps formé par le mouvement d'un plan, un plan par le mouvement d'une ligne, ou encore , une ligne par le mouvement d'un point. (7) Ce sont toutes des perceptions qui ne servent pas à comprendre la quantité, mais seulement à la déterminer. (108:8) Cela est prouvé par le fait que nous les concevons comme formés pour ainsi dire par le mouvement, et pourtant ce mouvement n'est perçu que si la quantité est également perçue ; nous pouvons même prolonger le mouvement pour former une ligne infinie, ce que nous ne pourrions certainement pas faire sans avoir une idée de quantité infinie.

IV. (9) L'entendement forme des idées positives avant de former des idées négatives.

V. (108:10) Il perçoit les choses non pas tant sous la condition de durée que sous une certaine forme d'éternité, et en nombre infini ; ou plutôt, en percevant les choses, il ne considère ni leur nombre ni leur durée, tandis qu'en les imaginant, il les perçoit en un nombre, une durée et une quantité déterminés.

VI. (108:11) Les idées que nous formons comme claires et distinctes semblent résulter de la seule nécessité de notre nature, qu'elles semblent dépendre absolument de notre seul pouvoir ; avec des idées confuses, c'est le contraire. (12) Ils se forment souvent contre notre volonté.

VII. (108:13) L'esprit peut déterminer de bien des manières les idées des choses que l'entendement forme à partir d'autres idées : ainsi, par exemple, pour définir le plan d'une ellipse, il suppose qu'un point adhérant à une corde est déplacé autour de deux centres, ou encore il conçoit une infinité de points, toujours dans le même rapport fixe à une droite donnée, angle du sommet du cône, ou d'une infinité d'autres manières.

VIII. (108:14) Plus les idées expriment la perfection d'un objet, plus elles sont elles-mêmes parfaites ; car nous n'admirons pas tant l'architecte qui a projeté une chapelle que l'architecte qui a projeté un temple splendide.

[109] (1) Je ne m'arrête pas à considérer le reste de ce qui se rapporte à la pensée, comme l'amour, la joie, etc. (2) Ils ne sont rien pour notre objectif actuel et ne peuvent même pas être conçus à moins que la compréhension ne soit perçue au préalable. (3) Lorsque la perception est supprimée, tout cela va avec.

(110) (1) Les idées fausses et fictives n'ont rien de positif (comme nous l'avons abondamment montré), ce qui fait qu'on les appelle fausses ou fictives ; ils ne sont considérés comme tels qu'à cause du défaut de connaissance. (2) Par conséquent, les idées fausses et fictives en tant que telles ne peuvent rien nous apprendre sur l'essence de la pensée ; c'est ce qu'il faut chercher dans les propriétés positives qui viennent d'être énumérées ; en d'autres termes, nous devons établir une base commune à partir de laquelle ces propriétés découlent nécessairement, de sorte que lorsque celle-ci est donnée, les propriétés le sont nécessairement aussi, et que lorsqu'elle est supprimée, elles disparaissent également avec elle.

Le reste du traité manque.

Notes de fin de Spinoza : Marques selon Curley
Voir la note 5 ci-dessus.

[a] (1) Cela pourrait s'expliquer plus largement et plus clairement : j'entends en distinguant les richesses selon qu'elles sont recherchées pour elles-mêmes, dans ou pour la promotion de la renommée, ou du plaisir sensuel, ou de l'avancement de la science et de l'art. (2) Mais ce sujet est réservé à sa propre place, car il n'est pas ici opportun d'examiner la question plus précisément.

[b] Ces considérations devraient être exposées plus précisément.

[c] Ces questions sont expliquées plus en détail ailleurs.

[d] NB Je ne fais ici qu'énumérer les sciences nécessaires à notre propos ; Je n'insiste pas sur leur commande.

[e] Il n'y a pour les sciences qu'une seule fin vers laquelle elles devraient toutes être dirigées.

[f] (1) Dans ce cas, nous ne comprenons rien de la cause à partir de sa considération dans l'effet. (2) Cela ressort assez clairement du fait que la cause n'est parlée qu'en termes très généraux, tels que : il existe alors quelque chose ; il existe alors un certain pouvoir, etc. ; ou du fait qu'on ne l'exprime que d'une manière négative--ce n'est pas ou cela, etc. (3) Dans le second cas, quelque chose est attribué à la cause à cause de l'effet, comme nous le montrerons dans un exemple, mais seulement une propriété, jamais une essence.

[g] (1) De cet exemple ressort clairement ce sur quoi je viens d'attirer l'attention. (2) Car par cette union nous ne comprenons rien au-delà de la sensation, de l'effet, à savoir, dont nous avons déduit la cause dont nous ne comprenons rien.

[h] (1) Une conclusion de ce genre, bien qu'elle soit certaine, ne doit pas encore être invoquée sans une grande prudence ; car à moins que nous soyons extrêmement prudents , nous tomberons immédiatement dans l'erreur. (2) Lorsque les choses sont conçues ainsi de manière abstraite, et non à travers leur véritable essence, elles sont susceptibles d'être confondues par l'imagination. (3) Car ce qui est en soi un, les hommes s'imaginent être multiplex. (4) Aux choses qui sont conçues de manière abstraite, séparée et confuse, des termes sont appliqués qui sont susceptibles d'être arrachés à leur sens strict et accordés à des choses plus familières ; d'où il résulte que ces derniers sont imaginés de la même manière que les premiers auxquels les termes ont été originellement donnés.

[i] Je traiterai ici un peu plus en détail de l'expérience, et examinerai la méthode adoptée par les empiriques et par les philosophes récents.

[k] Par force native, j'entends celle qui ne nous est pas conférée par des causes extérieures, comme je l'expliquerai plus tard dans ma philosophie.

[l] Je les appelle ici opérations : j'expliquerai leur nature dans ma philosophie.

[m] Je prendrai soin non seulement de démontrer ce que je viens d'avancer, mais aussi que nous avons jusqu'ici procédé correctement, et d'autres choses qu'il faut savoir.

[33 note1] (1) En langage moderne, « l'idée peut faire l'objet d'une autre présentation ». (2) Objectivus correspond généralement au « subjectif » moderne, formalis à l'« objectif » moderne. [Trad.-Note 1]

[n] (1) Observez que nous ne cherchons pas ici comment la première essence subjective est innée en nous. (2) Cela appartient à une recherche sur la nature, où toutes ces questions sont amplement expliquées, et où il est démontré que sans idées, ni affirmation, ni négation, ni volition ne sont possibles.

[o] La nature de la recherche mentale est expliquée dans ma philosophie.

[p] Être lié à d'autres choses, c'est être produit par elles, ou les produire.

[q] De la même manière que nous n'avons ici aucun doute sur la vérité de notre connaissance.

[r] Voir ci-dessous la note sur les hypothèses, dont nous comprenons bien ; la fiction consiste à dire que de telles hypothèses existent dans les corps célestes.

[s] (1) Comme une chose, une fois comprise, se manifeste, nous n'avons besoin que d'un exemple sans autre preuve. (2) De même, il suffit que le contraire se présente à notre esprit pour être reconnu comme faux, comme cela apparaîtra tout de suite lorsque nous discuterons de la fiction concernant les essences.

[t] Observez que, bien que beaucoup affirment douter de l'existence de Dieu, ils n'ont en tête que son nom, ou bien une fiction qu'ils appellent Dieu : cette fiction n'est pas en harmonie avec la nature réelle de Dieu, comme nous le ferons dûment. montrer.

[u] (1) Je montrerai tout à l'heure qu'aucune fiction ne peut concerner des vérités éternelles. Par vérité éternelle, j'entends ce qui est positif ne pourra jamais devenir négatif. (2) Ainsi , c'est une vérité primordiale et éternelle que Dieu existe, mais ce n'est pas une vérité éternelle que pense Adam. (3) Que la Chimère n'existe pas est une vérité éternelle, qu'Adam ne pense pas que ce soit le cas.

[x] (1) Ensuite, quand nous parlerons de fiction qui concerne les essences, il sera évident que la fiction ne crée jamais ni ne fournit à l'esprit rien de

nouveau ; seules les choses qui sont déjà dans le cerveau ou dans l'imagination sont rappelées à la mémoire, lorsque l'attention y est dirigée confusément et d'un seul coup. (2) Par exemple, nous avons le souvenir de paroles prononcées et d'un arbre ; lorsque l'esprit s'y dirige confusément, il se forme l'idée d'un arbre parlant. (3) On peut en dire autant de l'existence, surtout lorsqu'elle est conçue de manière assez générale comme une entité ; il est alors facilement appliqué à toutes choses ensemble dans la mémoire. (4) Ceci est particulièrement digne de remarque.

[y] Il faut le comprendre dans le cas des hypothèses avancées pour expliquer certains mouvements accompagnant les phénomènes célestes ; mais de celles-ci, appliquées aux mouvements célestes, nous pouvons tirer des conclusions sur la nature des cieux, alors que cette dernière peut être tout à fait différente, d'autant plus que beaucoup d'autres causes sont concevables qui expliqueraient de tels mouvements.

[z] (1) Il arrive souvent qu'un homme se rappelle ce mot d'âme, et se forme en même temps quelque image corporelle : comme les deux représentations sont simultanées, il croit facilement qu'il imagine et simule une âme corporelle : ce qui confond le nom avec la chose elle-même. (2) Je prie ici pour que mes lecteurs ne soient pas pressés de réfuter cette proposition ; ils n'auront pas, je l'espère, l'intention de le faire, s'ils prêtent une attention particulière aux exemples donnés et à ce qui suit.

[61a] (1) Bien que je semble déduire cela de l'expérience, certains pourraient en nier le bien-fondé parce que je n'en ai donné aucune preuve formelle. (2) J'ajoute donc ce qui suit pour ceux qui le désireraient. (3) Comme il ne peut y avoir rien dans la nature contraire aux lois de la nature, puisque toutes choses se produisent selon des lois fixes, de sorte que chaque chose doit produire de manière irréfragable son propre effet, il s'ensuit que l'âme, dès qu'elle possède le vrai conception d'une chose, procède à la reproduction mentale des effets de cette chose. (4) Voir plus bas, où je parle de l'idée fausse.

[64b] (1) Observez que la fiction, considérée en elle-même, ne diffère des rêves que par le fait que dans ces derniers nous ne percevons pas les causes extérieures que nous percevons par les sens pendant l'éveil. (2) On a donc déduit que les représentations se produisant pendant le sommeil n'ont aucun lien avec des objets extérieurs à nous. (3) Nous verrons tout à l'heure que l'erreur est le rêve d'un homme éveillé : si elle atteint un certain degré , elle devient un délire.

[76z] Ce ne sont pas des attributs de Dieu manifestant Son essence, comme je le montrerai dans ma philosophie.

[76a] (1) Cela a déjà été démontré. (2) Car si un tel être n'existait pas, il ne serait jamais produit ; donc l'esprit serait capable de comprendre plus que ce

que la nature pourrait fournir ; et cela a été démontré ci-dessus comme étant faux.

[78a] (1) Autrement dit, on sait que les sens nous trompent parfois. (2) Mais on ne le sait que confusément, car on ne sait pas comment ils nous trompent.

[83d] (1) Si la durée est indéfinie, le souvenir est imparfait ; tout le monde semble l'avoir appris de la nature. (2) Car nous demandons souvent de renforcer notre croyance en quelque chose dont nous entendons parler, quand et où cela s'est produit ; bien que les idées elles-mêmes aient leur propre durée dans l'esprit, cependant, comme nous avons l'habitude de déterminer la durée à l'aide d'une certaine mesure de mouvement qui, lui aussi, a lieu à l'aide de l'imagination, nous ne conservons aucun souvenir lié à l'intellect pur.

[91e] La règle principale de cette partie est, ainsi qu'il ressort de la première partie, de passer en revue toutes les idées qui nous viennent par l'intellect pur, afin de les distinguer de celles que nous imaginons : la distinction se manifestera par les propriétés de chacun, à savoir, de l'imagination et de l'entendement.

[92f] Remarquez qu'il est ainsi manifeste que nous ne pouvons rien comprendre de la nature sans accroître en même temps notre connaissance de la cause première, ou de Dieu.

Fin de "Sur l'amélioration de la compréhension".